INSTITUT DE FRANCE

ACADÉMIE DES SCIENCES MORALES ET POLITIQUES

NOTICE

SUR

M. HIPPOLYTE CARNOT

PAR

M. LEFÈVRE-PONTALIS

MEMBRE DE L'INSTITUT

PARIS

ALPHONSE PICARD, ÉDITEUR
LIBRAIRE DES ARCHIVES NATIONALES
ET DE LA SOCIÉTÉ DE L'ÉCOLE DES CHARTES
Rue Bonaparte, 82

E. PLON, NOURRIT ET Cie
ÉDITEURS
Rue Garancière, 10

1891

NOTICE

SUR

M. HIPPOLYTE CARNOT

EXTRAIT DU COMPTE RENDU

De l'Académie des sciences morales et politiques

(INSTITUT DE FRANCE)

PAR MM. HENRY VERGÉ ET P. DE BOUTAREL

Sous la direction de M. le Secrétaire perpétuel de l'Académie.

INSTITUT DE FRANCE

ACADÉMIE DES SCIENCES MORALES ET POLITIQUES

NOTICE

SUR

M. HIPPOLYTE CARNOT

PAR

M. LEFÈVRE-PONTALIS

MEMBRE DE L'INSTITUT

PARIS

ALPHONSE PICARD, ÉDITEUR
LIBRAIRE DES ARCHIVES NATIONALES
ET DE LA SOCIÉTÉ DE L'ÉCOLE DES CHARTES
Rue Bonaparte, 82

E. PLON, NOURRIT ET Cie
ÉDITEURS
Rue Garancière, 10

1891

NOTICE

SUR LA VIE ET LES TRAVAUX

DE

M. HIPPOLYTE CARNOT

MESSIEURS,

Il y a des vies heureuses, et ce fut jusqu'à sa mort une vie heureuse que celle de notre confrère Hippolyte Carnot. Il a dû à son père ce qu'il a été, et il a vécu assez longtemps pour que son fils pût lui rendre le même témoignage, curieux exemple de ce que vaut dans une famille républicaine, et sous trois républiques successives, le bénéfice de l'hérédité.

Né le 6 août 1801, à Saint-Omer, il fut élevé jusqu'à onze ans par son père dont les premières leçons lui laissèrent une impression ineffaçable. C'étaient les années paisibles où l'ancien membre du Comité du Salut public, sorti de la tourmente révolutionnaire, proscrit par le Directoire et rappelé en France après le 18 brumaire, pour devenir le ministre de la guerre du premier consul, était rentré après quelques mois de ministère dans la vie privée, et n'avait qu'à s'occuper de son fils.

Ces années d'enfance furent suivies de celles qu'il passa comme écolier dans une institution polytechnique, celle de M. Lemoine d'Essoies (1), pendant que son père allait prendre

(1) *Mémoires sur Carnot*, t. II, p. 281.

le commandement d'Anvers, et redevenait ensuite ministre de l'Empereur Napoléon pendant les Cent Jours. Elles s'achevèrent tristement après 1815, pendant les années d'exil qui se terminèrent à Magdebourg, en 1823, par la mort de Carnot sur la terre étrangère.

A vingt ans, son fils rentrait en France, et s'enrôlait parmi les disciples d'un nouveau réformateur social, Saint-Simon, comme pour se créer une nouvelle famille.

Ce n'est pas à une fin de siècle, et surtout à la fin d'un siècle tel que le nôtre, où ce sont peut-être les plus vieux qui restent les plus jeunes, qu'on peut comprendre ce que furent les premières années du XIXe siècle qui s'achève. C'étaient celles où sous un souffle nouveau tout s'était rajeuni et semblait avoir besoin de se rajeunir, où l'on montait hardiment la colline de la vie, avec le riant cortège des espérances du matin, sans pressentir les illusions et les désenchantements d'une génération nouvelle si différente de la nôtre. C'était le temps où l'on croyait pouvoir régénérer la société aussi aisément qu'on avait régénéré la littérature, l'art et le théâtre, et où, fût-ce en rêvant, l'on cherchait le mieux, au lieu d'avoir le goût du pire. C'est ce qui explique comment Saint-Simon avait pu devenir le chef de toute une école.

Ce qui avait séduit pour la première fois Hippolyte Carnot dans Saint-Simon, a-t-il écrit lui-même, c'était sa condamnation pour sa malicieuse hypothèse qui à soixante-dix ans de distance n'a peut-être pas vieilli, et dont ce n'est pas assurément l'Institut qui pourrait se scandaliser. « Si la France, » avait écrit Saint-Simon, « perdait subitement ses cinquante premiers écrivains, ses cinquante premiers savants, ses cinquante premiers artistes, ses cinquante premiers fabricants, ses cinquante premiers cultivateurs, la nation deviendrait un corps sans âme ; elle serait décapitée. Si elle venait au contraire à perdre tout son personnel officiel, cet événement affligerait les Français parce qu'ils sont bons, mais il en résulterait pour le pays un faible dommage. »

M. Carnot a raconté lui-même (1) comment il fut mis en rapport avec les principaux représentants de l'École Saint-Simonienne, et ce qu'il a publié dans le recueil des travaux de notre Académie sur les relations qu'il eut avec eux résume en quelques pages ce qu'on pourrait appeler les mémoires de sa jeunesse.

« J'appris, » écrit-il, « que le maître avait laissé des disciples.
« Ce fut chez l'un d'eux nommé Enfantin, qu'on proposa de
« me conduire, ce que j'acceptai volontiers. Enfantin était
« alors caissier de la caisse hypothécaire. Je trouvai chez
« lui beaucoup d'élèves de l'École polytechnique qui avaient
« été ses camarades, entre autres, l'ingénieur Talabot, Duha-
« mel, qui fut plus tard membre de l'Académie des Sciences,
« et, je crois, Clapeyron. Je trouvai là aussi Buchez, puis
« les deux Rodrigues et les deux Péreire. On causait
« presque exclusivement de Saint-Simon et de ses idées.
« Enfantin me conseilla de suivre un cours que le principal
« continuateur du maître, Auguste Comte, allait faire à un
« auditoire de choix. Je me rencontrai chez Auguste Comte
« avec plusieurs hommes notables déjà dans le monde de la
« science et dans celui de la politique; un seul est bien pré-
« sent à mon souvenir, c'est M. Charles Dunoyer, le publi-
« ciste rédacteur du Censeur Européen. »

MM. Thiers et Mignet, trop avisés pour avoir le goût des illusions, ne font qu'y passer. Augustin Thierry, plus spéculatif, se montre l'un des plus fervents, en s'appelant avec orgueil élève et fils adoptif de Saint-Simon. Quelques années après, le petit groupe devenait une assemblée délibérante. Elle avait son journal que Michel Chevalier dirigeait, et auquel se ralliaient de nombreux collaborateurs qui eurent des destinées diverses, Bineau, ministre des finances de Napoléon III, Adolphe Jullien, directeur du chemin de fer

(1) *Le Saint-Simonisme*, par M. Carnot, *Comptes rendus de l'Académie des Sciences morales et politiques*, t XXVIII, nouvelle série, p. 128.

de Lyon, Avril, directeur des Ponts et Chaussées (1), Le Play, qui n'a besoin d'aucune qualification ajoutée à son nom, Lambert ingénieur des mines, plus tard Lambert-Bey appelé par le pacha d'Égypte à la direction de l'École polytechnique du Caire, au temps heureux où l'Égypte était presque terre française.

Enfantin qui était le grand pontife logeait rue Monsigny, avec son coadjuteur Bazard qui plus tard se sépara de lui avec éclat. Plusieurs de ses disciples vinrent s'y fixer. Ceux qui habitaient au dehors s'y rendaient souvent pour partager les repas. On donna des soirées qui furent très fréquentées. Liszt prenait place au piano et s'abandonnait à ses inspirations. Adolphe Nourrit était fort entouré; Félicien David, Émile Souvestre n'y venaient pas en simples curieux. Des dames furent amenées. On causait en groupes, on dansait quelquefois. « Une familiarité décente était le ton de la maison (2), » écrit M. Carnot. La correspondance était très active. On voulut mieux. Une grande salle fut louée rue Taitbout, et bientôt elle ne put contenir l'assistance qui venait le dimanche écouter les prédicateurs Saint-Simoniens. Parmi eux, avec Charles Duveyrier et Jean Reynaud, se distinguait Édouard Charton, qui commença ainsi avec Carnot ces relations d'amitié fidèle et inséparable auxquelles la confraternité de l'Institut devait ajouter plus tard un nouveau lien.

C'étaient les beaux jours de l'École, ceux où elle ne doutait de rien et se croyait à la veille de conquérir le monde. On y fêtait comme le renouveau de la France, à l'heure où soit à la veille, soit au lendemain de 1830, s'épanouissait cette sève de talents et de génies de toute sorte, qui sous l'égide d'institutions monarchiques et libérales ajoutaient

(1) *Le Saint-Simonisme*, p. 128.
(2) *Id.*, p. 143.

un si brillant et si pacifique éclat aux gloires militaires des premières années du XIXe siècle.

L'École Saint-Simonienne n'était toutefois qu'un météore. Enivrée de ses premiers succès, elle prétendit se transformer en Église. Le schisme en naquit, et quand Enfantin conduisit les disciples qui lui étaient restés fidèles dans sa maison de Ménilmontant, pour y fonder la communauté dont il se proclamait le pontife, Hippolyte Carnot sut se retirer à temps. Il n'avait pas le goût des excès. Lorsqu'il dut reconnaître, ainsi qu'il l'écrit, que la nouvelle doctrine se dénaturait jusqu'à détruire le lien fondamental des familles, et n'aboutissait, sous le prétexte de l'égalité des sexes, qu'à la réglementation de l'adultère aussi bien qu'à la destruction de l'héritage, il sortit du rang, avant d'avoir le regret d'y être trop longtemps resté.

Il y avait trouvé l'inspiration de ses premiers écrits et l'orientation de sa vie.

Ce fut, en effet, dans les publications de l'École Saint-Simonienne, *le Producteur*, *l'Organisateur*, *le Globe*, *le Recueil Encyclopédique*, qu'il commença à se faire connaître par ses premiers articles auxquels il ajouta les deux volumes publiés sous le titre d'*Exposition de la doctrine de Saint-Simon*. Il signale lui-même dans la première notice qu'il publia les encouragements qu'il donnait au principe si fécond de l'association pour les exploitations agricoles, comme l'une des préoccupations de sa vie publique, dont dès ses débuts il avait pris souci (1).

Il ne se contenta pas de cette collaboration à des recueils plus ou moins éphémères. Il s'engagea de bonne heure dans différentes sociétés, entre autres la Société pour l'instruction élémentaire que son père avait fondée en 1815, et la Société de la morale chrétienne fondée en 1821 par le duc de Larochefoucauld-Liancourt. C'était une société d'élite à laquelle

(1) *Le Saint-Simonisme*, p. 131.

appartenaient presque toutes les notabilités du parti libéral de la Restauration : le duc de Broglie et son beau-frère Auguste de Staël, Casimir Périer, Benjamin Constant, de Barante, Guizot, Lamartine, avec les jeunes gens d'alors qui promettaient ce qu'ils ont tenu, Rémusat, Vivien, Montalivet.

Sa participation aux travaux de la Société de la morale chrétienne fut aussi active que persévérante. A plusieurs reprises, de 1827 à 1842, il se signala par ses comptes rendus et ses rapports. Les meilleurs sont assurément ceux qui, sans avoir trop vieilli, traitent avec ampleur et onction de la bienfaisance sous toutes ses formes (1), et notamment de la condition des domestiques dans notre société moderne (2), à laquelle il s'intéressait par l'attachement qu'il avait conservé aux vieux et fidèles serviteurs de sa famille. Il était sans doute moins bien inspiré, quand il traitait de sujets heureusement démodés, tels que les devoirs civiques des militaires (3), et quand il payait ainsi tribut à la billevesée longtemps en honneur de baïonnettes intelligentes, c'est-à-dire raisonneuses et désobéissantes au besoin.

La Société de la morale chrétienne lui servit surtout d'apprentissage dans deux de ses comités dont il suivit assidûment les travaux, le comité contre la traite des nègres et le comité des prisons; il sut tirer utilement parti des études sérieuses qu'il y fit, soit pour quelques-unes de ses publications, telles que l'esclavage colonial (4), soit, plus tard, pour ses premiers discours parlementaires. L'École Saint-Simonienne avait inspiré à M. Carnot les goûts de philanthropie qui restèrent ceux de toute sa vie.

(1) Rapports du 26 avril 1827 — du 18 avril 1836 — du 17 avril 1837. *Bulletins de la Société de la morale chrétienne.*

(2) *Réflexions sur la domesticité*, 12 mars 1838, *id.*

(3) *Rapports sur les devoirs civiques des militaires*, 30 avril 1838, — 18 avril 1842, etc.

(4) *L'Esclavage colonial. Revue indépendante* 1845.

Elle lui laissa une autre part d'héritage encore meilleure à recueillir. Il s'y refit une foi religieuse qui l'affermit au moins dans les croyances spiritualistes, dont il ne cessa jamais de faire profession. « Je venais de traverser, » a-t il écrit (1), « une phase de doute, ou plutôt de négation absolue. J'en étais venu jusqu'à contester l'importance même « des idées religieuses. Le Saint-Simonisme, en provoquant « de ma part des études approfondies, m'a témoigné que « sous une forme ou sous une autre tous les hommes et « toutes les sociétés ont le pressentiment d'une volonté « suprême et d'une puissance souveraine. »

« Non, » écrit-il ailleurs (2), « la science n'est pas destinée « à être l'ennemie de la religion, parce qu'elle ne saurait la « remplacer. Elle est appelée, au contraire à étendre son « empire, puisque chacun de ses progrès doit avoir pour « résultat de donner à l'homme une idée plus grande de « Dieu et de ses desseins sur l'humanité. Voyez Newton « s'élevant jusqu'à la pensée de la gravitation, et s'inclinant « humblement devant le Dieu dont il vient de découvrir les « volontés. Écoutez Keppler rendre grâces à Dieu de lui « avoir révélé la simplicité et la grandeur du plan sur lequel « il a établi le mécanisme universel. Entendez Leibniz déclarer que, s'il attache du prix aux travaux scientifiques, « c'est surtout pour avoir le droit de parler de Dieu, et vous « reconnaîtrez que plus la science s'élève, plus elle se rapproche de la religion. » Belles et saines doctrines dont on croit se débarrasser, en les reléguant au musée des Antiquités, mais dont on ne se joue pas impunément, parce qu'on ne pourrait s'en passer qu'en nous donnant la Basse République, comme les Romains de la décadence ont eu le Bas-Empire !

(1) *Le Saint-Simonisme*, p. 123.

(2) *La doctrine Saint-Simonienne*. Extrait de la *Revue encyclopédique* 1831, p. 40.

Le Saint-Simonisme laissa encore à M. Carnot un autre enseignement qui ne fut pas moins salutaire, grâce auquel bien des écarts et bien des remords lui furent épargnés. Il s'y façonna à la tolérance politique, au moins autant qu'à la tolérance religieuse. Malgré les réunions, très hostiles au régime de la Restauration, qu'il fréquentait, il était détourné par les doctrines de l'École aussi bien que par ses études, d'une action militante. Quoiqu'il eût pris, pendant les deux dernières journées de juillet 1830 (1), une carabine assurément fort inoffensive, il ne chercha pas à brusquer son entrée dans la vie publique, ni à la rendre tapageuse. S'il avait l'impatience d'y entrer, il sut néanmoins attendre, en complétant son éducation politique par plusieurs voyages, mais il n'attendit pas longtemps.

Élu le 2 mars 1839 député du sixième arrondissement de Paris, à l'âge de 37 ans qui le classait parmi les plus jeunes membres de la Chambre, il se crut obligé par naissance de siéger sur les bancs de la gauche radicale d'alors, mais sans en avoir les passions et les emportements. Il se contenta d'en partager souvent les illusions qu'il considérait d'ailleurs comme des principes. Jusqu'en 1848, il conserva le même collège électoral et les mêmes électeurs, en obtenant de leur confiance trois élections successives. Le premier appel qu'il leur adressait, en leur demandant de fixer leur choix sur des hommes purs, « la vie privée d'un homme public devant pouvoir à chaque instant se dévoiler sous les yeux de ses concitoyens (2), » ne cessa d'être entendu. Il entretenait avec eux des relations suivies, et ses comptes rendus de chaque session qui resserraient ses liens avec ses commettants peuvent suppléer à ses discours, en faisant connaître la ligne de conduite qu'il suivit pendant les dix premières années de sa vie parlementaire.

(1) *Le Saint-Simonisme*, p. 139.
(2) Manifeste électoral de 1839.

Élu membre de deux commissions auxquelles ses aptitudes le préparaient, celle du travail des enfants dans les manufactures, et celle du régime pénitentiaire, il y donna les témoignages de sa compétence. Chargé, en 1840, d'une mission en Allemagne pour y étudier les différentes lois qui réglaient, dans plusieurs États, la condition du travail des jeunes ouvriers, il en rendit compte au ministre du Commerce et de l'Agriculture, dans un rapport aussi complet qu'instructif (1).

Malgré tout ce qu'on a fait depuis à cet égard, ses conclusions ont gardé, même pour la France, leur à propos. « Tout « ce que j'ai vu, » écrit-il, « et tout ce que j'ai entendu, m'ont « convaincu de la nécessité de protéger législativement les « jeunes ouvriers contre l'abus qui est fait de leur temps « et de leurs forces. Mais, j'en suis également convaincu, « quelle que soit la loi, le concours effectif et spontané des « industriels peut seul faire de sa pratique un véritable « bienfait. C'est la coopération des chefs mêmes de l'indus- « trie qu'il faut obtenir. Partout ce sont des manufactu- « riers qui, les premiers, ont dénoncé les abus et en ont « provoqué la répression. C'est donc leur aide et leur con- « cours qu'on doit se ménager, afin de réduire le plus pos- « sible le nombre des récalcitrants, contre lesquels ce n'est « pas seulement la loi qu'il faut employer, mais surtout l'opi- « nion publique, qu'il importe de rendre encore plus puis- « sante que la loi. »

Le discours de M. Carnot sur le projet de loi des prisons (2) mérite également d'être signalé. Il lui permit de prouver quelle était sa connaissance acquise du régime pénitentiaire dont en aucun temps l'Académie des Sciences morales et politiques ne s'est désintéressée. Il y rendait

(1) *Mélanges d'Économie politique*, n° 57. Bibl. de l'Institut.
(2) Discours du 23 avril 1844.

loyalement justice à la sollicitude de toutes les enquêtes administratives, aux mérites de toutes les réformes déjà entreprises et accomplies ; il y proclamait les bienfaits soit de l'institution des Sœurs pour la surveillance des femmes, soit de la coopération des Frères de la Doctrine chrétienne dans quelques maisons centrales, et il faisait valoir les services rendus par la fondation d'un patronage général des libérés. Il se prononçait contre l'isolement obligatoirement étendu à tous les condamnés, ne l'admettant que comme rachat de la peine de mort, ou par suite d'acceptation volontaire pour remise d'une partie du temps de la détention. Mais il n'attendait pas du système cellulaire la moralisation de prisonniers dépourvus, pour la plupart, des ressources intellectuelles et des habitudes de la méditation qui aideraient à le supporter. Il craignait qu'on ne les exposât ainsi à la folie et à l'abrutissement, et demandait seulement qu'on laissât aux tribunaux une certaine latitude d'appréciation. C'était peut-être un mémoire plutôt qu'un discours, mais il avait pu y mettre d'autant plus de relief.

Quoi qu'il en soit, ce serait mal connaître M. Carnot que de s'en tenir à ce qui aurait pu le faire apprécier dans une société de législation. Il occupa son siège de député pendant trois législatures, et quoiqu'il se contentât d'un rôle un peu effacé, il n'effaçait pas ses opinions dont il ne cessa de rendre témoignage par ses fréquents comptes rendus à ses électeurs. Elles ont à coup sûr un grand mérite, celui de la sincérité et du désintéressement. Mais à cinquante ans de distance, elles relèvent de l'histoire, et après un demi-siècle écoulé, on ne peut même s'expliquer les griefs qu'il faisait valoir. En laissant de côté le refus permanent du budget et des fonds secrets qui, pour M. Carnot, paraît avoir été un point de doctrine, ne paraît-il pas surprenant de trouver formulée son opposition aux fortifications de Paris qui, d'après lui, « environnaient de canons le lieu des séances législatives, » et qu'il signale « comme plus dangereuses à la liberté de la nation qu'utiles à la défense du territoire (1). » Quel retour aux passions du temps d'alors, comme à celles d'un autre âge, que ces appels réitérés à un patriotisme un peu démodé qui pour les moindres incidents grossis à plaisir jouait si témérairement avec les questions de paix et de guerre ! Que penser aujourd'hui des attaques si véhémentes des comptes rendus de M. Carnot contre la politique étrangère d'un règne qui valut à la France l'indépendance et la neutralité de la Belgique, lui assura la conquête de deux cents lieues de côtes en Algérie, la soumission du Maroc, l'entoura d'un rempart d'états constitutionnels placés dans son orbite, et mérita ce dernier témoignage qui lui était rendu « d'avoir fait gagner à la France par la paix, beaucoup plus assurément que la guerre n'aurait pu lui donner » (2).

Mieux vaut chercher la pensée de M. Carnot, plus mûrie et plus maîtresse d'elle-même, dans l'opuscule devenu très rare qu'il publia en 1847 : *les Radicaux et la Charte*. Il s'y montrait sous son vrai jour, n'admettant pas, comme il l'avait écrit que tout ou rien fût une formule politique (3). Quoiqu'il appartînt à l'opposition la plus avancée, il ne voulait pas qu'elle pût être considérée comme une opposition révolutionnaire, et il avait la sagesse de vouloir la rendre dynastique.

Interpellé dans l'une des dernières réunions auxquelles il avait assisté (4), sur son dévouement à la dynastie régnante, M. Carnot avait répondu sans détours. « Si l'on « entend par dévouement à la dynastie, non pas le dévoue-

(1) Comptes rendus de 1841 et de 1845.

(2) Lettre de M. de Nesselrode à l'ambassadeur de Russie, à Londres, 24 fév. 1848, voir *Journal des Débats*, 13 déc. 1849.

(3) Compte rendu du 26 juin 1840.

(4) *Les Radicaux et la Charte*, p. 34.

« ment à un homme ou à une famille, mais le dévouement « aux institutions fondées par la Charte, laquelle a créé « une royauté constitutionnelle et en a fixé les conditions, « je réponds nettement, oui. » Il ne s'attachait dès lors, dans sa publication, qu'à demander le développement de la Charte, sans prétendre en rien la mettre en question, et il démontrait méthodiquement qu'elle ne faisait obstacle à aucun des progrès démocratiques que l'opposition pouvait réclamer. Il était de ceux dont on peut invoquer les préceptes, quand on croit que ce qu'il y a de mieux à faire sous tous les gouvernements, monarchiques ou républicains, c'est de chercher à en tirer parti, pour améliorer sans détruire. « J'appartiens » (1), écrivait-il, « à ceux qui, en 1830 ont « fait des vœux pour l'établissement de la République, sans « craindre de les exprimer tout haut, mais qui ne sont pas « tellement jaloux d'une satisfaction grammaticale, qu'après « avoir obtenu la chose, ils veuillent tenter une révolution « nouvelle pour conquérir le mot. »

Toutefois, le mot ne pouvait lui être indifférent, et quand ce mot sortit d'une révolution qui fut une surprise pour tous, en y comprenant ceux qui en profitèrent, M. Carnot se trouva porté au pouvoir, pour être l'un des ministres d'une république improvisée. Le ministère de l'Instruction publique lui fut donné en partage, et il a fait lui-même le récit des quatre mois pendant lesquels il l'occupa (2).

On aurait mauvaise grâce à lui reprocher de voir tout en beau, jusqu'au morceau de pain qu'il rompit avec Ledru-Rollin à l'Hôtel-de-Ville, et qui, le soir du 24 février « fut leur premier souper républicain » (3). On ne peut davantage lui savoir mauvais gré de la satisfaction qu'il témoigna pour

(1) *Les Radicaux et la Charte*, p. 9.

(2) *Le Ministère de l'Instruction publique et des Cultes, du 24 février au 5 juillet 1848*, par M. Carnot, Pagnerre, 1848.

(3) *Id.*, p. 7.

la proclamation immédiate de la République qui lui paraissait à la fois le parti le plus audacieux et le plus sage à prendre, ni de la joie qu'il éprouva, écrit-il (1), « à se « retrouver dans la République comme dans la maison « paternelle. »

Ce qu'on n'a pas en tout cas à lui ménager, ce sont les éloges qu'il mérita par son administration, quoique dans des temps si troublés, au lendemain d'une révolution, elle côtoyât tous les écueils. Comme son ministère, hélas! nous rappelle les vers d'Horace mesurant tristement le chemin parcouru en arrière, et nous reporte loin de nous, avec les regrets qu'on doit si souvent donner aux temps qui ne sont plus!

Sa tâche était d'autant plus difficile à remplir, qu'il se trouvait chargé des Cultes en même temps que de l'Instruction publique. Dans la répartition des ministères précipitamment faite à l'Hôtel de Ville, les Cultes étaient restés attribués au Ministère de la Justice. Mais M. Crémieux s'était fait nommer Ministre de la Justice, et il avait suffi d'un mot rappelé par M. Carnot, dans ses récits du temps (2) : « Eh! quoi, Crémieux, c'est vous, Juif, qui allez faire des Evêques », pour que le ministère des Cultes fût joint à celui de l'Instruction publique.

M. Carnot s'est plu (3) à faire valoir « la bienveillance encore plus grande que la fermeté », dont il ne cessa de s'inspirer dans ses rapports avec le clergé. « J'ai toujours « eu, » écrit-il, « le sentiment religieux trop gravé au cœur, « pour que la déférence envers les ministres de la religion « ait jamais pu me coûter aucun effort. » Il s'est félicité, à bon droit, de ne s'en être jamais départi « n'aimant pas plus les tracasseries que la persécution. »

(1) *Le Ministère de l'Instruction publique et des Cultes*, p. 11.
(2) *Mémorial de 1848*. Voir *la Politique Nouvelle*, 15 mars 1851.
(3) *Le Ministère de l'Instruction publique et des Cultes*, p. 10.

Consulté sur la question de savoir s'il fallait interdire les processions extérieures du culte catholique, il s'y opposa énergiquement, invitant les préfets à ne faire exécuter la loi, que là seulement où les démonstrations religieuses pouvaient susciter des troubles. Il ne se prononça pas moins catégoriquement contre la suppression de ce qu'il appelle les salaires ecclésiastiques, toutes les fois qu'elle lui était demandée contre des prêtres récalcitrants. « Je ne consentis « jamais à en faire usage » écrit-il, (1) « trouvant que c'est « une arme peu digne d'un gouvernement républicain dont, « surtout avec le clergé, la force doit être une force mo- « rale. »

Cette politique de modération était encore plus aisée à suivre par M. Carnot dans ses rapports avec les différents services de l'Instruction publique. Il l'avait annoncée dès son arrivée au Ministère, et ce n'est pas de lui qu'on pouvait attendre le système d'épurations qui lui aurait répugné.

Les collaborateurs dont il avait fait choix auraient suffi pour rassurer à cet égard toutes les craintes. L'un était Jean Reynaud, dont la grande âme et les hautes spéculations se seraient mal accommodées de basses œuvres de passions et de rancunes; l'autre, Charton, dont la bienveillance ne pouvait faire que de nombreux amis à la République. « Il « avait l'art, » écrit M. Carnot, « de renvoyer tout le monde « satisfait, ceux-là mêmes dont les demandes ne pouvaient « être accueillies (2). »

Toutefois il ne pouvait suffire à M. Carnot de pacifier et d'apaiser, pour bien diriger son Ministère. Autour de lui, on réclamait des innovations de toute sorte. Aussi, faut-il lui savoir gré surtout de ce qu'il s'abstint de faire. Dans l'espèce de caravansérail de tous les projets en préparation et en fermentation, il eut la sagesse de laisser

(1) *Le Ministère de l'Instruction publique et des Cultes*, p. 42.
(2) *Id.*, p. 9.

mûrir tous ceux qui concernaient l'instruction secondaire.

Si favorable qu'il fût à la liberté de l'enseignement pour laquelle il s'était toujours prononcé de la façon la plus large et dont il attendait la plus féconde expansion, il ne voulut pas tout entreprendre à la fois. Quoique son activité s'étendît à toute sorte de créations, l'organisation des lectures publiques, l'établissement des bibliothèques scolaires, il s'en tint surtout, ce qui était bien suffisant, à ses projets sur l'instruction primaire. La loi de 1833, à laquelle il rendait une justice qui l'honore, avait été la véritable charte de cet enseignement scolaire inséparable du nom de M. Guizot. Mais il n'en était pas moins vrai qu'après un si brusque avènement, le suffrage universel, pour avoir un lendemain, dépendait de ce qu'on pourrait faire de l'école de village qui devenait la pépinière de nouvelles générations d'électeurs.

Aujourd'hui surtout, quand on s'est tant écarté de la voie tracée par M. Carnot, comment ne pas reconnaître tout ce qu'avait d'heureusement inspiré et d'irréprochable le texte du projet qu'il avait soumis à l'Assemblée Constituante de 1848 (1)? Si la gratuité et l'obligation y étaient inscrites comme des innovations prenant droit de cité dans une société démocratique, la liberté la plus sincère, dans ses conditions les plus essentielles, y était scrupuleusement respectée. Non seulement les écoles primaires privées avaient désormais leur passeport législatif; mais encore pour les écoles publiques, les droits de présentation des Conseils municipaux pour le choix des instituteurs et des institutrices étaient expressément garantis.

Quant à la laïcité, dans le projet de loi du Ministre de l'Instruction publique d'alors, elle était mise en quarantaine. L'enseignement religieux prescrit dans toutes les écoles publiques y était confié aux ministres des différents cultes. Les circulaires de M. Carnot ne faisaient qu'accentuer

(1) Projet de loi déposé à la séance du 30 juin 1848.

cette saine direction de l'instruction primaire. « J'ai jeté « les yeux sur nos campagnes », écrivait-il, « j'ai vu dans « chaque village deux hommes qui vivent de la vie du « peuple, qui partagent ses sentiments et ses intérêts, et « qui en même temps possèdent un degré de lumières bien « supérieur au niveau des masses. Ces deux hommes sont « le curé et le maître d'école. Le ministre de la religion et « le maître d'école sont à mes yeux les colonnes sur « lesquelles doit s'appuyer l'édifice républicain (1). »

Néanmoins, ce qui de notre temps peut sembler étrange, les attaques ne vinrent pas à M. Carnot du côté où il pourrait aujourd'hui les attendre, et il ne trouva pas grâce même devant l'Assemblée Constituante de 1848. Toutes ses circulaires n'avaient pas eu le don de plaire; il y avait eu des entraînements inévitables au lendemain des révolutions. On ne lui pardonnait pas d'avoir voulu faire la part trop large à l'élection des nouveaux venus, en alléguant « qu'un brave paysan, avec du bon sens et de l'expérience, pouvait être préférable, dans une assemblée législative, à un citoyen riche et lettré, étranger à la vie des champs. »

On reprochait encore plus à M. Carnot son appel un peu inconsidéré à l'ambition des instituteurs, dont il voulait faire les éducateurs et les fondés de pouvoir du suffrage universel, en allant jusqu'à les inviter à se porter candidats « pour « venir exposer dans la nouvelle législature les besoins et « les vœux d'un élément de la nation trop longtemps « délaissé ». Il reconnaissait lui-même qu'il avait dépassé le but, et dans ses notes sur son ministère, il rappelait qu'un de ses amis lui écrivait : « Vous chauffez trop (2). »

On prit comme prétexte de la polémique engagée contre lui l'un des nombreux manuels sur les droits et sur les

(1) *Le Ministère de l'Instruction publique et des Cultes*, p. 23, et discours de M. Carnot à l'Assemblée constituante, 4 juillet 1848.

(2) *Mémorial de 1848* (2e partie). Voir *la Politique Nouvelle, juin 1851*.

devoirs des citoyens dont il avait encouragé la publication, et dans lequel s'étaient produites des doctrines suspectes d'un socialisme qui semblerait aujourd'hui bien inoffensif. On lui en fit un grief, sans qu'il s'en défendit peut-être suffisamment, et à la suite d'un vote qu'il put considérer comme lui étant hostile, il se déchargea, sans aucune amertume, du Ministère qu'une révolution lui avait donné. Ce qui l'avait fait tomber du pouvoir, c'est qu'on était au lendemain des barricades de juin, triste héritage de celles de février, et la faveur n'était plus à ceux des membres du gouvernement provisoire qui se vantaient d'en être sortis.

Il n'est pas moins vrai qu'il n'avait cessé d'appartenir à la fraction la plus modérée de ce gouvernement. Dans la notice qu'il publia de son Ministère (1), il se rend ainsi la justice qui lui est due : « La brochure que j'avais publiée au « commencement de 1847, *Les Radicaux et la Charte* « m'avait fait appeler un radical dynastique. Je suis resté, « après la révolution de février, ce que j'étais auparavant, « ne voulant repousser aucun de ceux qui veulent s'attacher « avec nous, ne fût-ce que pour un jour, au char de la « démocratie, prêt à serrer la main de ceux qui d'un pas « plus ou moins lent, comme plus ou moins rapide, veulent « marcher avec nous (2) ».

Pendant toute la durée de son Ministère, et notamment dans le projet de loi qu'il avait déposé, il s'était inspiré à l'avance de ce qu'il écrivait plus tard (3). « Jamais je ne me « suis trouvé dans une circonstance grave, sans me deman- « der comment mon père aurait agi pour tâcher de l'imi- « ter. » Belle maxime qui était son programme, et qu'on ne peut que gagner à s'approprier, quand on la trouve dans son héritage !

(1) *Le Ministère de l'Instruction publique et des Cultes, du 24 février au 5 juillet 1848.*

(2) *Le Ministère de l'Instruction publique et des Cultes*, p. 30.

(3) *Id.*, p. 30.

En quittant le ministère, il se félicitait surtout d'avoir fait décréter la création d'une nouvelle école, l'École d'Administration, déjà réclamée dans les dernières sessions de la Chambre des députés par des voix aussi autorisées que celles de MM. Dufaure, d'Haussonville, Saint-Marc Girardin, Agénor de Gasparin. Il en avait trouvé le projet dans le portefeuille de son prédécesseur M. de Salvandy. Il s'empressa de le mettre à exécution et d'en faire son œuvre. On en compromit inconsciemment l'avenir par trop de précipitation et trop d'apparat, notamment en voulant réorganiser les cours du Collège de France dont quelques-uns furent malencontreusement supprimés, pour y substituer les cours de la nouvelle École et les faire inaugurer par les principaux membres du Gouvernement Provisoire. L'École n'en répondit pas moins à tout ce que M. Carnot pouvait en attendre. Les examens d'entrée dépassèrent toutes ses espérances. Neuf cents candidats se firent inscrire pour cent cinquante nominations, et les professeurs rivalisèrent avec les maîtres de conférences, pour donner à leur enseignement, qui n'avait d'autre tort que d'être trop encyclopédique, tout ce qui pouvait en faire valoir les mérites.

C'était la grande pépinière des services publics qu'il s'agissait de créer. On ne pouvait mieux en démontrer la nécessité que par ce qu'en écrivait en ces termes M. Carnot (1): « Tandis que, pour exercer comme avocat ou comme « médecin, pour arriver aux grades de l'armée, pour servir « le pays comme ingénieur des mines ou des ponts et « chaussées, il faut avoir constaté son aptitude par des exa- « mens, on peut obtenir la direction d'un département ou « d'un arrondissement, la gestion des plus grands intérêts « administratifs, judiciaires ou financiers, sans avoir fait « aucune étude préalable. La faveur, la fortune, le hasard

(1) *D'une École d'administration*, par M. Carnot, 1878, p. 5.

« conduisent et poussent dans ces carrières qui sont livrées « trop souvent aux premiers occupants. » Combien ce qui était vrai alors n'est-il devenu depuis que trop évident et trop regrettable !

Les meilleures institutions ont peine à s'acclimater dans un pays comme le nôtre, où les révolutions sont plus aisées à faire que les réformes. L'École d'Administration ne survécut pas au gouvernement de ceux qui l'avaient fondée. Elle avait le grand défaut de rendre les protecteurs inutiles, et n'eut qu'une durée trop éphémère. M. Carnot ne cessa toutefois d'en réclamer le rétablissement qu'il ne pouvait guère attendre de l'Empire (1), mais qu'il ne réussit pas mieux à obtenir, malgré ses propositions et ses publications (2), quand la République eut remplacé l'Empire. Il lui fallut se contenter de l'École libre des sciences politiques dont aucun article du budget de l'État ne consacre l'existence, et qui sait s'en passer, en se trouvant d'ailleurs rattachée étroitement à notre Académie par les liens de la confraternité (3).

M. Carnot, qui se serait volontiers attardé à croire encore avec Montesquieu que la République doit être le gouvernement de la vertu, n'en était pas moins déçu dans les espérances qu'il avait entretenues de faire servir l'École d'Administration au passeport des fonctions publiques, de façon à les soustraire au bon plaisir de ceux qui en disposent. Aussi, lorsqu'à la fin de sa vie, il réunissait autour de lui au banquet de leur association les anciens élèves de l'École qui lui était restée si chère, s'il leur avait dit tout ce qu'il pen-

(1) Discours de M. Carnot au Corps législatif, 7 avril 1865.

(2) Proposition de loi faite au Sénat, 28 mai 1876. — D'une École d'administration, par M. Carnot, 1878.

(3) M. Boutmy, membre libre de l'Académie des sciences morales et politiques, a été le fondateur et est le directeur de l'École libre des sciences politiques.

sait, il leur aurait peut-être mélancoliquement avoué qu'en France les révolutions ne servent guère qu'à allonger la feuille des bénéfices.

Sorti du ministère de l'Instruction publique au mois de juillet 1848, M. Carnot ne reprit plus l'exercice du pouvoir. Toutefois il n'eut pas à prendre congé de la vie politique, mais il resta dans le rang, en se contentant discrètement de se montrer fidèle à ses opinions. Rentré tardivement par une élection partielle, le 10 mars 1850, à l'Assemblée législative de 1849, avec des partenaires dont il n'aurait pas sans doute fait choix (1), il se trouva mêlé aux événements du deux Décembre 1851 par la courageuse résistance qu'il y opposa. Il avait tout fait pour aller au-devant de la proscription ; le nom qu'il portait lui épargna l'épreuve dont son père avait été la victime. Réélu député en 1852 et en 1858 par la confiance opiniâtre des électeurs parisiens, et déclaré deux fois démissionnaire pour refus de serment, après ce gage donné à la politique de protestation, il siégea au Corps législatif de l'Empire de 1864 à 1869.

Ancien ministre de l'Instruction publique, il avait toute compétence pour se faire entendre et pour se faire écouter dans les questions de l'enseignement. Elles lui firent prendre la parole dans différentes sessions (2). Les écoles de filles auxquelles il avait la sagesse de préférer la maison maternelle, toutes les fois que l'instruction même élémentaire pouvait leur y être donnée, l'obligation de l'instruction primaire, pourvu qu'elle n'impliquât pas la nécessité de s'instruire d'une certaine façon (3), la gratuité de l'école, l'amélioration du sort des instituteurs qui lui paraissait liée à leur affranchissement de l'autorité préfectorale (4), trouvèrent en lui un défenseur attitré.

(1) C'étaient de Flotte et Vidal.

(2) Discours du 19 mai 1864, 7 avril 1865, 1er mars 1867.

(3) Discours du 1er mars 1867.

(4) *Id.*

Il se crut tenu d'intervenir dans d'autres discussions, et l'on pourrait assurément s'étonner aujourd'hui, soit de ce qu'il pensait en 1865 (1) des affaires étrangères, au lendemain des derniers événements de la Pologne, et des alliances qu'il recommandait, soit de tout ce qu'il trouvait à attaquer en 1867 dans la loi militaire, en dénonçant avec bien d'autres les périls d'une armée permanente (2). Ce ne sont là que des souvenirs à évoquer, pour prouver une fois de plus tout ce qu'il y a de contingent et de hasardé dans la politique, même pour ceux qui se croient des sages. Il y a des temps où moins on l'est, et surtout moins on paraît l'être, plus on est sûr de la faveur publique. C'est ce qui fit préférer M. Gambetta à M. Carnot aux élections de 1869.

Il fallut une révolution, avec les désastres qui l'accompagnèrent, pour rendre à M. Carnot le siège législatif qu'il vint occuper à l'Assemblée nationale de 1871, comme représentant du département de Seine-et-Oise où il habitait l'ancienne demeure paternelle (3). Il y rapportait le deuil de la patrie, qui ne lui donnait pas grand goût pour l'agitation des partis. Satisfait de retrouver une troisième république, il s'y reposa comme dans la jouissance d'un patrimoine, sans y laisser d'autre trace que celle de sa bonne renommée. Elle suffit pour lui valoir sa nomination comme sénateur inamovible, et ce fut au Sénat qu'il passa les dernières années de sa vie politique. Devenu doyen d'âge, il eut quelquefois l'occasion d'y reprendre la parole à l'ouverture des sessions, et sans avoir cessé jamais d'appartenir à son parti, même par les votes les plus contestables, il ne fit entendre que des paroles d'apaisement et d'union qui ont été le testament d'une vie parlementaire de cinquante ans.

(1) Discours du 12 juin 1866.

(2) Discours du 26 décembre 1867.

(3) Celle de Presles, près La Ferté-Alais.

Ce n'est pas à l'Institut que l'appréciation en aurait été faite, si M. Carnot ne s'était créé d'autres titres pour y prendre place. Il avait toujours su employer utilement ses loisirs, et si la politique l'amenait au seuil de notre Compagnie, ses ouvrages lui donnèrent le droit d'y entrer.

Pour invoquer des titres académiques, il ne pouvait se contenter de ses publications nombreuses, mais éparses, et dès lors écourtées, qu'il aurait trouvées lui-même insuffisantes. La plus complète était son étude sur l'esclavage colonial (1). On y trouve l'histoire de la traite suivie dans ses différentes phases. Sans s'occuper suffisamment des États-Unis, ce qui était une lacune regrettable, il rend un compte très instructif de ce qu'était l'esclavage, soit dans les colonies espagnoles qui furent les dernières à le faire disparaître, soit dans les colonies anglaises qui donnèrent les premières le signal de l'émancipation, soit dans les colonies françaises. M. Carnot y pressait l'affranchissement immédiat, préparé depuis 1840 par la commission coloniale que présidait le duc de Broglie, et qui fut décrété par le Gouvernement Provisoire, au lendemain de la Révolution de 1848 (2).

Il y avait pour M. Carnot mieux à faire, c'était de mettre à profit ses goûts d'études en même temps que ses goûts politiques, pour s'occuper particulièrement de la période historique à laquelle le rattachaient ses traditions et ses prédilections, celle de la Révolution française.

Deux petits volumes qui en sont comme l'abrégé, des biographies jointes à des publications de Mémoires, et une grande œuvre, celle de la vie de son père publiée sous le titre de *Mémoires sur Carnot*, tel est l'ensemble des travaux auxquels il employa les loisirs que la vie publique lui laissa.

(1) L'Esclavage colonial. *Revue Indépendante*, t. XX, 25 mai, 10 juin 1845.

(2) Décret du 27 avril 1848.

Son abrégé de la Révolution française parut dans la collection de la *Bibliothèque utile*. Il le terminait en 1870, et il en écrivit le triste épilogue, en janvier 1872, quand les destinées de la France venaient de nouveau d'être remises en question. Cette publication faite après tant d'autres du même genre supplée aux mérites de l'originalité et des recherches auxquels elle ne pouvait prétendre, par les qualités qui peuvent recommander de semblables ouvrages : la division bien faite des chapitres, la clarté et la précision des récits. Elle a pour but d'apprendre l'histoire de la Révolution à ceux qui l'ignorent, mais la façon dont elle y est enseignée ne peut manquer d'être sujette à caution.

Toutefois, s'il y a des réserves à faire, il convient de mettre en regard tout ce qui mérite d'être loué sans aucun mélange de critiques, notamment l'exposé des causes, des préludes et des principes de la Révolution française qui fait l'objet des premiers chapitres, dans lesquels M. Carnot n'a eu qu'à juger les idées et non les hommes. Son tort, en ce qui concerne les hommes, c'est-à-dire les acteurs de la Révolution, est imputable à sa théorie, celle des résultats, qu'on ne saurait trop contester.

« Quand nous nous plaçons, » a-t-il écrit(1), « au point de « vue de ce que la Révolution a fait gagner à la France, « non seulement la Constituante, la Législative, la Convention sont autant d'étapes, mais encore les révolutionnaires de toutes les dates semblent réconciliés, Constitutionnels, Girondins, Montagnards. Ce sont les mêmes idées « qui les animent, c'est le même drapeau qu'ils se passent « de mains en mains. Sous cet aspect, ces hommes, que les « circonstances seules ont faits ennemis, forment à nos « yeux un cortège unique. Ils nous rappellent ces personnages de bas-reliefs antiques, marchant à la suite les uns

(1) *Introduction à l'abrégé de la Révolution française*, p. 7, et t. I, *Mémoires sur Carnot*, p. 178.

« des autres ; ils ont pu se broyer sous les roues du char, « mais ils n'ont pas cessé de le faire avancer. » S'il en était ainsi, la moralité disparaîtrait de l'histoire, et l'histoire cesserait d'être ce qu'elle doit rester, la grande justicière.

Est-ce donc un perpétuel problème à résoudre que celui de la Révolution française ? N'est-ce qu'une indéchiffrable énigme pour ceux qui, à cent ans de distance, peuvent si aisément faire la part de ses mérites et celle de ses fautes, la part de ses bienfaits et celle de ses crimes ? Ne sont-ce pas les faiblesses et les hésitations de Louis XVI qui ont paralysé ses bonnes intentions ? La grande œuvre de l'Assemblée Constituante qui a fondé sur des assises indestructibles la société moderne, en mettant fin à tous les abus de l'ancien régime, n'a-t-elle pas eu pour écueil la Constitution civile du clergé, qui commença si imprudemment la persécution religieuse, en détournant la Révolution de la voie où jusque-là elle n'avait trouvé ni résistance ni obstacle ?

L'Assemblée Législative sut-elle rien faire contre l'anarchie, pour défendre la Constitution de 1791 qui avait été remise à sa garde, et qu'elle laissa sombrer sans défense dans la journée du 10 août 1792, à laquelle elle ne survécut pas plus que la royauté, en se trouvant également frappée de déchéance ? La gloire que la Convention s'est acquise par la défense du territoire et la bonne renommée que méritent quelques-unes de ses lois peuvent-elles l'absoudre des ruines qu'elle a accumulées, des flots de sang français qu'elle a versés ou laissé verser, des charretées de victimes que le tribunal révolutionnaire a fait conduire à la guillotine ? L'échafaud du 21 janvier, auquel les Girondins livrèrent Louis XVI, n'a-t-il pas servi à dresser celui du 31 octobre sur lequel ils montèrent à leur tour, et n'est-ce pas à ceux qui la décimaient, que la Convention s'est asservie, jusqu'à ce qu'elle ait échappé par le 9 thermidor à de nouvelles proscriptions ? N'est-ce pas enfin la décrépitude du Directoire qui a rendu inévitable le 18 brumaire? Depuis le 20 juin 1792 jusqu'au 18 brumaire, an VIII (9 novembre 1799), ne sont-ce pas les coups d'État de toute nature qui ont pris la place du gouvernement libre et légal que le 5 mai 1789 avait inauguré à Versailles? Ne sont-ce pas là les vérités qui doivent se faire jour, en débarrassant l'histoire des inimitiés, des rancunes et des passions des partis? Il est à regretter qu'elles n'éclairent pas suffisamment les jugements et les récits qu'on trouve dans les deux volumes de M. Carnot.

M. Carnot pouvait se donner plus sûrement carrière dans les biographies, où l'on n'a plus à exiger du biographe comme de l'historien, que la balance égale soit tenue. Ces biographies sont celles des derniers survivants de la Convention, qui avaient connu son père, qu'il avait connus lui-même, et dont les Mémoires à publier ne pouvaient que gagner à trouver dans M. Carnot le plus autorisé et le plus fidèle des exécuteurs testamentaires.

La notice qu'il consacra à Lakanal (1) n'a qu'un tort, c'est d'être trop courte, mais elle ne peut être passée sous silence. En effet il y a rappelé, non seulement tout ce que ne cessa de faire Lakanal pendant la Révolution pour l'enseignement public, mais encore ce qu'on lui doit pour l'organisation de l'Institut (2), dont il fit partie dès sa fondation. Victime des radiations académiques et des lois d'exil après la Restauration, et retiré aux États-Unis, il s'était fait tellement oublier, qu'il dut réclamer le bénéfice de sa première élection, quand les anciens membres de l'Académie

(1) *Notice sur Lakanal*, par Hippolyte Carnot. L'almanach du mois, mars 1845.

(2) Rapport fait au Conseil des Cinq-Cents, le 19 pluviôse, an IV (8 février 1796), et le 25 ventôse an IV (15 mars 1796), par Lakanal, au nom de la commission chargée d'examiner le règlement rédigé pour l'Institut national.

des Sciences morales et politiques supprimée en l'an XI (1) et rétablie par l'ordonnance royale du 26 octobre 1832 furent réintégrés dans leurs sièges. Il reprit son vieil uniforme de l'Institut, tel qu'on le portait sous le Directoire (2), et rentra dans notre compagnie pour en devenir le doyen. Il en suivit assidûment les séances jusqu'à sa mort, en 1845, après avoir ainsi prolongé pendant un demi-siècle son existence académique.

Une vie tout autrement accidentée que celle de Lakanal fournit à M. Carnot un sujet d'études qu'il sut en outre mettre à profit pour des publications propres à éclairer et à enrichir l'histoire de la Révolution française. C'était la vie de l'abbé Grégoire (3), accompagnée de ses Mémoires ecclésiastiques, politiques et littéraires qui s'arrêtaient en 1808, et faisaient partie de la volumineuse collection des manuscrits dont il avait reçu l'héritage.

Cette biographie ne pouvait être, dans la pensée de l'auteur, qu'une apologie. Elle en a tout le mérite et quelques-uns des défauts. La vie de Grégoire se prêtait, dans une certaine mesure, aux honneurs qu'il tenait à lui rendre. Ce n'est pas seulement une vie privée irréprochable, c'est aussi une vie publique qui, sans être exempte des plus sottes déclamations et des plus violents emportements de langage du temps, n'a au moins la souillure d'aucune tache de sang; elle rend en outre témoignage de croyances religieuses fidèlement professées, qui ne furent jamais sacrifiées aux opinions politiques, même les plus extrêmes.

Curé d'Embermesnil en Lorraine, couronné par l'Académie de Nancy pour son essai sur la régénération physique et morale des Juifs, qui lui avait donné sa première célébrité,

(1) 3 pluviose an XI (23 janvier 1803).

(2) Mignet, *Éloge historique de Lakanal*, 1857, p. 29.

(3) *Mémoires de Grégoire, ancien évêque de Blois*, précédés d'une notice historique sur l'auteur, par M. Carnot. Paris, 1837.

Grégoire avait été élu, dans le bailliage de Nancy, député du clergé aux États-Généraux de 1789. L'un des signataires du serment du Jeu de Paume, il fit partie à l'Assemblée Nationale du groupe le plus démocratique, et demanda, après la fuite à Varennes, la déchéance du roi qui aurait pu changer le cours de la Révolution, en épargnant à la France le 10 août et le 21 janvier. Réélu à la Convention, il y fit, en termes emphatiques, la proposition de proclamation de la République, mais envoyé en mission dans la Savoie, pendant le procès de Louis XVI, il évita dans la lettre qu'il écrivit à la Convention de se prononcer pour la condamnation à mort.

Sa grande notoriété que M. Carnot a surtout mise en relief fut celle qu'il s'acquit, indépendamment de ses travaux législatifs, par la part qu'il prit à la Constitution civile du clergé, sans s'associer jamais aux persécutions dont furent victimes tous les prêtres qui refusèrent de s'y soumettre. Membre du clergé constitutionnel, élu évêque de Blois, il prit son épiscopat au sérieux, et la plus belle page de sa vie est inscrite dans le *Moniteur*, à la séance du 7 novembre 1793. Ce fut celle où l'évêque constitutionnel de Paris Gobel et plusieurs curés et vicaires déposèrent leurs insignes sacerdotaux, en déclarant qu'ils avaient cessé de croire au christianisme, et qu'ils ne reconnaissaient désormais d'autre religion que celle du patriotisme et de la liberté. Loin de s'associer à une pareille abjuration, Grégoire qui se trouvait au Comité de l'Instruction publique, pendant que cette scène avait lieu, revint dans la salle des séances, pour y faire entendre l'apologie de ses croyances. « Catholique par conviction et par sentiment, » dit-il (1), « prêtre par choix, « j'ai été désigné par le peuple pour être évêque, mais ce « n'est ni de lui ni de vous que je tiens ma mission. Agis- « sant d'après les principes sacrés qui me sont chers et que « je vous défie de me ravir, j'ai tâché de faire du bien pour

(1) *Mémoires de Grégoire*. t. II, p. 33.

« mon diocèse ; je reste évêque pour en faire encore. » Rien ne put ébranler son inflexible résolution. Il demeura évêque et continua de siéger dans la Convention avec son costume ecclésiastique. On le vit même présider en soutane violette. Peu s'en fallut que cette courageuse conduite ne lui coûtât la liberté et la vie ; il se trouva au moins épargné.

Quelle qu'ait été son exaltation révolutionnaire, qui, M. Carnot est obligé de le reconnaître, « allait parfois jusqu'au délire » (1), il avait été le témoin de tant de maux et de tant d'horreurs, qu'il ne put, dans ses mémoires rien dissimuler de ce qu'il pensait de la Convention, et de ce qu'il y avait vu, « au risque, » écrit M. Carnot, « d'en faire une amère élégie » (2). « Elle contenait, a-t-il déclaré (3), deux ou trois cents individus qu'il fallait bien n'appeler que des scélérats, puisque la langue française n'offrait pas d'épithète plus énergique ». On peut s'en tenir à ce jugement.

En suivant pas à pas Grégoire dans sa vie publique, M. Carnot le retrouve au sortir de la Convention dans un autre rôle nécessairement plus effacé, au Conseil des Cinq-Cents où il compose gravement des costumes pour les législateurs et pour les fonctionnaires publics, au Corps législatif de l'Empire qui l'élit sénateur, au Sénat où il rentre sous le titre de comte Grégoire, sans renoncer à celui d'évêque qu'il avait gardé, après avoir donné à la suite du Concordat sa démission épiscopale.

Il resta sénateur jusqu'à ce qu'il eût voté en 1814 la déchéance de Napoléon, pendant que Lazare Carnot, mieux inspiré par son patriotisme, se ralliait à l'Empereur au lendemain des premiers désastres. Cinq ans plus tard, déjà rayé de l'Institut avec ceux qui avaient encouru la

(1) *Notice historique sur Grégoire*, p. 52.
(2) *Id.*, p. 8.
(3) *Mémoires de Grégoire*, t. Ier, p. 426.

disgrâce royale, Grégoire était exclu de la Chambre des Députés après son élection de 1819. Dans un temps où l'on ne connaissait pas le système des invalidations, il y gagna la popularité qu'il conserva jusqu'à sa mort, en 1836.

Cette mort fait l'objet du plus touchant chapitre de la notice historique de M. Carnot. Il y rappelle comment Grégoire n'avait cessé de s'y préparer, non seulement par sa charité active, mais aussi par sa piété à la fois austère et douce qui lui faisait remplir scrupuleusement tous les devoirs de son ministère ecclésiastique. Malgré les dernières tracasseries si regrettables auxquelles l'exposa son refus de rétracter son serment d'ancien évêque constitutionnel, il mourut dans les sentiments les plus édifiants, en faisant profession de la foi catholique dont il ne s'était jamais départi. Il n'y a qu'une note de trop dans les éloges que M. Carnot lui donne, c'est quand il trouve que si l'Église était fidèle à ses traditions, « elle devrait l'honorer comme un saint » (1).

Avec Barère (2), ce n'est pas une vie de principes, mais une vie d'expédients que Carnot avait à raconter. « Le petit Barère se met toujours en croupe de ceux qui sont le mieux montés » disait de lui l'un de ses adversaires de la Convention, Legendre (3). Ce n'en était pas moins une vie très curieuse, sinon très attachante, à étudier et à faire connaître, sans qu'elle pût donner toutefois à M. Carnot la tentation d'en faire, comme pour celle de Grégoire, une hagiographie. Elle se liait à la publication posthume des Mémoires que Barère lui avait confiés, à l'exemple de Grégoire, et qui faisait de M. Carnot comme l'archiviste de la Révolution française. Ces Mémoires se composaient d'une série de cahiers formant environ huit cents pages, et

(1) *Notice historique sur Grégoire*, p. 312.
(2) *Notice historique sur Barère*, par M. Carnot, 1842, chez Labitte.
(3) *Ibid.*, p. 11.

de six liasses considérables contenant des fragments ainsi que de pièces justificatives. Pour les faire paraître en deux volumes, M. Carnot eut à se charger d'un travail de sélection et d'épuration très laborieux, et le jugement qu'il en porte l'oblige à reconnaître « que ces Mémoires ne disculperont « pas l'auteur de tous les reproches qu'il peut encourir. »

La vie de Barère (1) est la personnification du parti qu'on a appelé pendant la révolution le parti de la plaine, qui n'avait d'autre politique que celle qui lui permettait d'être toujours du côté des vainqueurs. Malgré les disgrâces et les persécutions qui finirent par l'atteindre et qu'il ne put éviter, ce fut le parti de la plaine que Barère représenta pendant la Convention avec ses tergiversations et ses souplesses, ses aplatissements et ses soubresauts d'audace, quand il croyait n'avoir rien à en craindre, mais aussi avec les ressources de la parole la plus prompte à l'improvisation, en même temps que du savoir faire le plus calculé.

Ses débuts de jeunesse que M. Carnot a soigneusement fait connaître, ses travaux et ses discours à l'Assemblée nationale, où il avait recherché le patronage de Bailly et de Mirabeau, ses goûts littéraires et académiques, son ton et ses manières qui, d'après le témoignage de Mme de Genlis, ne l'auraient pas fait trouver déplacé dans le grand monde ou à la cour (2), ne pouvaient faire pressentir, comme il en fut pour beaucoup de ses contemporains, le rôle qu'il prit, ou plutôt que les événements lui firent prendre. Président des premières séances du procès du roi, il ne se départit pas d'égards dont M. Carnot croit devoir lui faire un grand mérite, mais n'en fut pas moins l'un des auteurs principaux de l'inique condamnation à mort de Louis XVI par le discours qu'il prononça contre l'appel au peuple.

Ce gage de régicide une fois donné, il en profita,

(1) Il s'appelait Barère de Vieuzac.

(2) *Notice historique sur Barère*, p. 38.

pour faire partie intégrante du gouvernement conventionnel, en siégeant tour à tour dans les deux premiers Comités de Salut Public auxquels il prit la part la plus active, et dont on doit regretter, comme M. Carnot, qu'il n'ait pas su se faire l'historien. On peut l'y suivre avec son biographe, sans le trouver jamais fléchissant sous le poids de toutes les affaires auxquelles il avait à pourvoir, ou sous celui de tous les rapports dont il était sans cesse chargé, et qu'il évalue lui-même à plus de six cents. Ses rapports militaires sur les victoires des armées de la République, acclamés par la Convention où l'on s'écriait : « Barère à la tribune », dès qu'il paraissait dans la salle des séances (1), étaient lus dans les camps, et entraînaient les troupes au combat. Mais il en est bien d'autres qui chargent sa mémoire et dont il ne peut s'exonérer. L'élégante parure du langage qu'il affectait d'y mettre n'en fait encore que plus ressortir tout ce qui s'y trouve d'implacables rigueurs et de sanguinaires fureurs, et a pu lui mériter le triste surnom d'Anacréon de la guillotine.

La part qu'il prit à deux des journées les plus mémorables de la Convention, celle où elle livra les Girondins, et celle où elle fit à son tour de Robespierre sa victime expiatoire, suffit pour donner la mesure de tout ce qui manquait à son caractère. Quand la Convention est cernée et réduite à se décimer elle-même, il excuse dans ses rapports ce qu'il appelle « l'heureuse illégalité du peuple de Paris. » Il fait voter le décret d'accusation des vingt-deux députés proscrits, sans aller jusqu'à conclure à leur arrestation, et demande « qu'on les place sous la sauvegarde du peuple et de la force armée de Paris » qui réclame leurs têtes. Devenu le séïde de Robespierre, « pour faire placer, » écrit-il, « la terreur à l'ordre du jour et faire voter la loi des suspects, il attend, pour se détacher de son protecteur, les séances du

(1) *Notice historique sur Barère*, p. 84.

8 et du 9 thermidor. Il y suit timidement les fluctuations de l'Assemblée ; il les reflète dans toutes leurs phases ; il ne se fait qu'à bon escient l'organe des membres du Comité de Salut Public qui, acculés à l'échafaud, ne se décident à frapper Robespierre, que dans la crainte d'être frappés par lui ; il se charge enfin de justifier son arrestation par la proclamation adressée au peuple français, dans laquelle il déclare naïvement à la Convention « que le Comité de Salut Public s'était aperçu depuis quelques jours seulement des dangers que Robespierre faisait courir à la République. »

Barère s'était trop compromis pour faire oublier ainsi sa longue complicité. Les ennemis de Robespierre le firent à son tour poursuivre. Il connut les tristesses de l'emprisonnement, les angoisses de l'évasion et de la fuite, les craintes du proscrit qui dissimule sa retraite. Exclu de la Convention, réélu au Conseil des Cinq-Cents sans pouvoir y siéger, il profita du décret d'amnistie qui suivit le 18 brumaire. Après avoir tenté vainement de servir l'Empire, il reparut comme un revenant de l'époque révolutionnaire à la Chambre des représentants de 1815, pour recommencer ensuite, après la Restauration, les dures épreuves de l'exil, dans une pauvreté supportée avec une religieuse résignation. Rentré en France en 1830, il retrouva place dans le Conseil général de son département des Hautes-Pyrénées, où il siégea jusqu'à l'année qui précéda sa mort, en ne cessant d'écrire sur les affaires publiques de son temps — M. Carnot n'a rien oublié, même dans cette dernière période, de cette longue existence de quatre-vingt-cinq ans, prolongée jusqu'en 1841. Mais quels que soient les mérites qu'il y ait trouvés, ou les actes d'humanité qu'il se complaise à y relever (1), il aurait été mieux inspiré, en ne cherchant pas à rattacher Barère, fût-ce de loin, au parti modéré (2). C'est au ban du parti modéré qu'il avait à le mettre.

(1) *Notice historique sur Barère*, p. 73.
(2) *Id.*, p. 199.

Il restait à M. Carnot une œuvre plus digne de lui à entreprendre et à terminer : c'était la biographie paternelle à laquelle il semblait ne s'être préparé qu'à travers de longs détours.

Son père, Lazare Carnot, n'avait pas laissé de Mémoires, aussi ce sont des Mémoires sur Carnot qu'il publia en deux volumes, ayant chacun deux parties, sans qu'on puisse se plaindre de les trouver trop longs (1). Il les a rendus aussi complets et presque aussi vivants, que si son père lui-même les avait écrits, tant il y a mis heureusement en œuvre les notes et les documents de tout genre qu'il avait eus à sa disposition, les traditions ainsi que les confidences qu'il avait recueillies, et surtout les longs entretiens dont il avait gardé le plus fidèle souvenir. Il a fait servir ainsi à une œuvre vraiment historique l'hommage qu'il a voulu rendre à son père. Pour faire mieux ressortir l'acte de piété filiale qu'il voulait remplir, c'est à ses fils, quand ils étaient encore enfants, qu'il a dédié ses volumes. « Votre pensée, » leur écrit-il dans l'introduction de cet ouvrage (2), « s'attachera avec émotion à cet homme qui mérita d'écrire « son nom sur bien des pages de l'histoire de France, et qui, « je vous l'atteste, fut encore plus grand dans l'intimité. « Elle ne se bornera pas à étudier sa carrière publique ; « elle le suivra, enfant, époux et père, au foyer domestique, « et elle l'accompagnera dans l'expatriation si dignement « supportée où il a fini ses jours. »

Le mérite de ces Mémoires est la glorification paternelle à laquelle M. Carnot les a destinés, mais sans aucune jactance et sans aucune emphase. On peut trouver ses jugements trop admiratifs, et y faire plus d'une restriction ; mais ce n'étaient pas assurément les ombres au tableau qu'il lui appartenait d'y mettre.

(1) *Mémoires sur Carnot*, par son fils, t. I, 1862. — T. II, 1869, chez Pagnerre.

(2) *Id.*, Introduction, p. 2.

Les soixante-dix années d'existence de Lazare Carnot lui fournissaient un vaste cadre à remplir, sauf à laisser quelquefois l'histoire générale trop empiéter sur la biographie, et de 1763 à 1823 il n'y a rien omis. Rien de plus attachant que ce qu'il a écrit sur la famille de son père, et sur cette féconde lignée de dix-huit enfants à laquelle celui-ci appartenait, élevée sous le toit héréditaire de Nolay, avec les habitudes patriarcales du foyer domestique qui font revivre les plus saines traditions de la vieille bourgeoisie française. Il sait faire prendre le plus curieux intérêt à son éducation, à ses études, aux débuts de sa carrière militaire, commencée, dès l'âge de dix-huit ans, à l'école des ingénieurs de Mézières, d'où il sortit en 1775 comme lieutenant du génie. Ses premiers écrits lui valurent la récompense donnée par l'Académie de Dijon à son éloge de Vauban; ses travaux scientifiques ne l'empêchaient pas de s'adonner à ses premiers essais de versification empreints de la mièvre ou galante sensiblerie de l'époque, et auxquels il se complut d'ailleurs pendant toute la durée de sa vie (1); ses mémoires sur les fortifications, en lui donnant le prestige d'une première disgrâce, engageaient une polémique propre à la faire connaître et révélaient déjà quelques-unes de ses aptitudes, quand par suite de son mariage il se trouva appelé, avec son frère Carnot-Feulins, à siéger comme député du Pas-de-Calais à l'Assemblée législative de 1791.

« Je suis militaire, et je ne veux être d'aucun parti, » écrit-il à l'occasion de son premier discours (2). Bel engagement à prendre, mais qui aurait été encore meilleur à tenir, et auquel on ne peut que regretter, quoi qu'en pense l'auteur des Mémoires, qu'il n'ait pas toujours conformé sa

(1) *Opuscules poétiques du général Carnot*, 1820, chez Baudoin, comprenant notamment un poème héroï-comique en six chants, sur Don Quichotte.

(2) *Mémoires sur Carnot*, t. I, p. 197.

conduite. Il est vrai que pour l'en disculper, M. Carnot voudrait accréditer une autre théorie à laquelle on ne peut donner un laisser-passer, en prétendant (1) que, dans les temps de révolutions, il faut, sans vaine recherche d'indépendance, faire choix d'un parti, en acceptant la responsabilité de ses fautes. Si l'on devait faire de ce paradoxe un axiôme, ce ne serait pas seulement la responsabilité des fautes, ce serait aussi la responsabilité des crimes qu'il faudrait accepter, et la politique n'aurait plus rien à démêler avec la conscience dont les droits doivent rester intacts.

Ce dont il vaut mieux convenir, c'est qu'on ne doit pas chercher à glorifier M. Carnot, quand soit à l'Assemblée législative, soit à la Convention, il a subi le joug des entraînements ou des passions auquel comme d'autres, peut-être moins que d'autres, il s'est trouvé assujetti. Pour entrer au Panthéon de l'histoire, plus durable que tout autre, il lui suffit de tout ce qu'il a fait pour la France.

Choisi dans l'Assemblée législative pour faire partie du Comité diplomatique et du Comité militaire, dès que la patrie est déclarée en danger, il se voue avec son frère à l'œuvre dont il allait bientôt être chargé. S'il attend trop de la nouvelle armée des volontaires, dont la légende ne tient pas devant l'histoire (2) ; si avec les piques fabriquées à l'usage de la population parisienne, ce sont des armes qu'il donne inconsciemment à l'insurrection plutôt qu'à la défense, il a au moins le mérite de commencer par mettre rapidement en état de guerre toutes les places fortes et par faire distribuer trois cent mille fusils aux gardes nationales, surtout à celles des frontières. Sa première mission est pour l'armée du Rhin dont il réorganise les commandements, et il l'avait à peine terminée, quand il est réélu député à la Convention où il va donner la mesure de ce qu'il vaut.

(1) *Mémoires sur Carnot*, p. 327.
(2) *Les Volontaires de 1792*, par Camille Rousset ; Didier.

La condamnation à mort de Louis XVI qui, d'après l'aveu de Carnot instructif à enregistrer (1), aurait été sauvé, si la Convention n'avait pas délibéré sous les poignards, sa participation plus ou moins effective, mais toutefois impassible, au régime de la Terreur et à tous les actes sur lesquels, fût-ce pour la forme, il mettait sa signature, sont assurément des revers de médaille que la piété filiale de M. Carnot ne peut réussir à dissimuler. Ils ne sont pas suffisamment effacés par la proclamation qu'après la chute de Robespierre, dès le 10 thermidor, Carnot adressait aux représentants de la Convention près les armées, et qui était ainsi conçue (2) : « D'infâmes tyrans, qui avaient usurpé le nom de patriotes, voulaient désorganiser la victoire. Les traîtres ont reçu le prix de leurs forfaits. La représentation nationale a délivré la France de ces modernes Catilina. Robespierre et ses complices ne sont plus. L'oppression a disparu. Tous les cœurs s'ouvrent aux plus doux épanchements et l'allégresse a pris la place de la consternation dans Paris. »

Quoi qu'il en soit, tout ce qu'on peut reprocher à Carnot n'a pas prise sur les services qu'il a rendus et ne saurait en ternir l'éclat. Sans doute avant lui, Valmy et Jemmapes avaient sauvé la France, mais si l'échafaud du 21 janvier, par le défi jeté à l'Europe, reforma contre la France la coalition si redoutable qui aurait pu faire d'elle une seconde Pologne, n'est-ce pas Carnot qui l'a empêchée d'en être la victime? Son piédestal devant l'histoire, c'est son rôle militaire au Comité de Salut public, et son fils a achevé de l'exhausser, en faisant revivre en lui comme l'âme de la patrie.

Entré au Comité de Salut public le 14 août 1793, quand la désorganisation et l'incapacité, quand la guerre étrangère

(1) *Mémoires sur Carnot*, t. I, p. 293.
(2) *Id.*, t. I, p. 537.

et la guerre civile mettent la France à la merci de ses ennemis, Carnot s'y révèle aussitôt par les premiers coups portés à l'invasion. C'est sous son inspiration et sous sa conduite que sont gagnées les victoires d'Hondschotte et de Wattignies (1) qui valent à la France la délivrance de Dunkerque et de Maubeuge.

Le Comité de Salut public lui sert de quartier général. Il s'y renferme quelquefois jusqu'à quinze et dix-huit heures par jour, pour y faire de la France un grand atelier et un vaste camp. C'est de là qu'il paie sans relâche de sa personne et de sa plume, à la fois administrateur et général en chef, sans en avoir aucun titre (2), sachant pourvoir à toutes les mesures d'organisation, transformant en armées les levées en masse, donnant 770,000 combattants à la France (3), changeant la guerre avec la tactique par l'offensive à outrance et l'attaque par masses, aussi heureux dans les combinaisons de ses plans de campagne que dans le choix des généraux, animant tout de ce qu'il appelle lui-même la grande passion (4), faisant prendre aux armées ainsi qu'aux généraux la victoire pour mot d'ordre et méritant le juste hommage qui lui était rendu, il y a déjà plusieurs années, par l'un de nos plus illustres confrères (5).

L'auteur des Mémoires ne s'en tient pas à ces grandes esquisses de l'histoire. Il a le mérite de faire comprendre, et presque de faire voir ce qu'était le Comité de Salut public, comment le travail s'y répartissait et s'y divisait, sans qu'il y eût délibération en commun, et par une solidarité plutôt apparente que réelle. Il en fait jouer tous les ressorts et le

(1) La victoire de Wattignies est le plus beau fait d'armes de la Révolution, disait Napoléon. *Mémoires sur Carnot*, t. I, p. 414.

(2) Il ne fut breveté comme général qu'en 1814, pour aller prendre le commandement d'Anvers.

(3) Au 1er janvier 1794, l'effectif donnait 770,932 hommes.

(4) *Mémoires sur Carnot*, t. I, p. 387.

(5) *Les institutions militaires de la France*, par le duc d'Aumale, 1867.

remet en scène. Il y suit en même temps Carnot dans son bureau ; il l'y retrouve au milieu de ses liasses de correspondances à portée de ses cartes et de ses plans, et il complète cette reproduction, en l'entourant de ses employés et de ses auxiliaires qui cessent pour nous d'être des inconnus (1).

La meilleure justice qu'il puisse rendre à son père, c'est la publication dans toute sa simplicité du bulletin qu'il lut à la Convention quelques mois avant sa séparation (2), et qui résumait sa grande œuvre patriotique de dix-sept mois : « Vingt-sept victoires, quatre-vingt mille ennemis tués, quatre-vingt-onze mille prisonniers, cent seize places prises, soixante-dix mille fusils, quatre-vingt-dix drapeaux enlevés (3), » et ce que le bulletin n'avait pas besoin de constater, la France délivrée et agrandie de la Belgique, avec ses frontières reportées jusqu'au Rhin. La France ne s'en montra pas ingrate. Sorti du Comité de Salut Public, quand les représailles qui suivirent le 9 thermidor s'exercèrent contre ceux qui en avaient fait partie, menacé de s'y trouver compris, malgré sa justification, et sauvé de l'arrestation par la voix de Lanjuinais qui rappela qu'il avait organisé la victoire (4), Carnot entra au Conseil des Cinq-Cents comme l'élu de quatorze départements.

La seconde phase de sa vie commençait. Elle a fait l'objet du deuxième volume des Mémoires. Il est aussi attachant que le premier, moins encore par les événements auxquels la vie de M. Carnot a été mêlée, que par les épreuves dont il a eu à souffrir. Appelé à faire partie du Directoire, Carnot se consacra à la tâche de pacifier la Révolution au dedans et de continuer à rendre la France victorieuse au dehors. C'est son choix qui donne à la France, avec Bonaparte, le général en chef de l'armée d'Italie, allant à 27 ans, de victoire en

(1) *Mémoires sur Carnot*, t. I, p. 340, 417, 423.

(2) 14 ventôse, an III (4 mars 1795).

(3) *Mémoires sur Carnot*, t. I, p. 181.

(4) *Id.*, I, p. 585.

victoire, imposer la paix à l'Autriche, à trente lieues de Vienne.

C'est, d'autre part, sa modération trop tardive qui le rend victime du coup d'État du 18 fructidor (1) dont l'auteur des Mémoires donne, avec les notes de son père, le plus curieux récit. Le 18 brumaire (2) rouvre à Carnot l'accès de la patrie, et il devient pendant six mois le ministre de la guerre du Premier Consul (3) auquel il ne peut s'accoutumer à obéir. De 1802 à 1807, il siège au Tribunat où il se prononce successivement contre le Consulat à vie, et dans un long discours contre l'Empire héréditaire. Avec la suppression du Tribunat, il rentre dans la retraite sans se laisser éblouir par toutes les gloires de l'Empire, et s'offre à l'Empereur quand la fortune des armes l'a délaissé, pour se donner à la patrie en danger. La défense d'Anvers qui lui est confiée lui rend son rôle militaire qu'il remplit avec éclat, et le retour de l'île d'Elbe fait de lui le ministre de l'Intérieur des Cent-Jours, obligatoirement décoré du titre de comte.

Le long récit de cent quarante pages, que l'auteur des Mémoires a donné de ce court Ministère, a le mérite de mettre en lumière ce qu'autrement on pourrait ignorer, tout ce que fit Carnot pour les services qui s'y rattachaient, ceux de l'instruction publique, et notamment de l'instruction primaire, de l'industrie et de la bienfaisance, sans oublier le service des postes auquel il voulait appliquer ce qu'il appelait les principes, en menaçant de poursuites toute atteinte au secret des correspondances et à l'inviolabilité des lettres (4), comme s'il se croyait sûr d'un lendemain de pouvoir.

(1) 4 septembre 1797.
(2) 9 novembre 1799.
(3) 2 avril 1800. — 5 octobre 1800.
(4) *Mémoires sur Carnot*, t. II, p. 482.

Mais ce qu'il ne pouvait rendre inviolable après Waterloo, c'était le territoire, et dans cette tragique catastrophe, les derniers jours de son ministère peuvent seuls concentrer tout l'intérêt, en faisant connaître soit les dernières entrevues des membres du gouvernement, telles que celles où Fouché l'appelle un fou, pour se faire appeler un traître, soit les suprêmes efforts de la résistance et les dernières péripéties du dernier acte.

Il restait encore à l'auteur des Mémoires un chapitre à écrire, le plus triste de tous, celui de l'exil que n'épargnèrent à Carnot ni ses glorieux services, ni les gages de fidélité monarchique qu'il avait donnés à la dynastie des Bourbons, dans la proclamation qu'avant de rendre Anvers il avait adressée à ses soldats (1). *Le Mémoire au roi*, publié sans son aveu, et dans lequel il avait tenu un âpre langage sans le rendre en rien factieux, ne put lui être pardonné. Fouché qui, sans avoir jamais rien fait pour la France, n'avait été qu'un régicide et qu'un terroriste, le fit mettre sur la liste des proscrits (où un Carnot ne devrait plus laisser personne), sans qu'au moins ses frères, l'un Carnot-Feulins, décoré comme chevalier de Saint-Louis et promu lieutenant-général, l'autre resté sur son siège de la Cour de Cassation, aient eu à partager sa disgrâce.

Pendant les huit années de ce douloureux exode, il acheva, loin de son foyer, sur la terre d'exil, la vie qu'il regrettait de ne pouvoir plus consacrer au service de son pays, sans se laisser atteindre par le découragement ni aigrir par l'amertume. Il continuait à occuper ses journées par le travail et par la correspondance, prenant goût à la traduction des poètes allemands, et écrivant, pour raffermir son âme ses *Méditations d'un promeneur solitaire*, puisées aux grandes sources de la pensée religieuse. Le fils qui partageait les épreuves de cette expatriation, en la consolant,

(1) *Mémoires sur Carnot*, p. 339.

fait revivre jusqu'à son dernier jour le père avec qui il s'était identifié, n'ayant guère prévu que le cercueil déposé dans le cimetière de Magdebourg dût reprendre le chemin de la France, pour être ramené au Panthéon.

Un autre caveau funéraire aurait pu toutefois paraître préférable à Lazare Carnot, et il aurait sans doute choisi celui qui l'aurait fait reposer là où il avait vécu avec tous les siens, dans sa demeure de Presles, aux bords de la rivière d'Essonne. Il était venu s'y s'abriter en 1800, dès le retour de son premier exil, et elle avait remplacé pour lui la demeure héréditaire de Nolay. Aucun chapitre de l'ouvrage de M. Carnot n'a plus d'attrait que celui qu'il a consacré à cette maison de campagne, et à la douce vie de famille et d'intimité que son père s'y était faite. Dans ce jardin on revoit ses anciennes plantations. C'est dans cette habitation vendue pendant le second exil de Carnot, mais ensuite heureusement recouvrée par ses héritiers, qu'on aime à le retrouver en compagnie de sa femme si tendrement dévouée qui mourut avant ses dernières épreuves, entouré de ses frères étroitement unis les uns aux autres et de ses enfants qui étaient ses élèves, se plaisant à ses travaux scientifiques, à ses livres de choix conservés avec leurs annotations dans sa bibliothèque, et jouissant ainsi du repos après la tempête révolutionnaire. Dans l'Introduction des Mémoires sur son père, M. Carnot évoque à son tour ces souvenirs pour ses fils, de la façon la plus patriarcale, en leur rappelant les bons exemples donnés et les bons exemples à suivre, afin de les préserver de toute défaillance, et avec la préoccupation de les prémunir « contre l'incrédulité hautaine et l'intolérance atrabilaire (1). »

Pour compléter ces volumes déjà si complets, et dans lesquels les récits de la vie privée s'entremêlent si heureusement aux récits de la vie publique, M. Carnot n'avait garde

(1) Introduction aux *Mémoires sur Carnot*, t. I, p. 6.

d'oublier tout ce qui a rattaché son père à l'Institut. Il y siégeait depuis 1796 à l'Académie des Sciences d'où deux fois ses exils le firent éloigner. Il y entretenait les relations les plus suivies d'études et d'amitiés, et y marquait par ses rapports, ses mémoires et ses ouvrages, la place qu'il laissa avant sa mort, tristement vide et prématurément vacante.

Historien de son père, M. Carnot avait acquis tous les titres pour recueillir par droit de mérite, plutôt encore que par droit de naissance, son héritage de l'Institut. L'Académie des Sciences morales et politiques lui en donna l'investiture. Il y trouvait comme lointain prédécesseur son vieil oncle, le chevalier Joseph Carnot, que ses ouvrages juridiques et soixante ans de magistrature y avaient fait entrer en 1833, et qui n'y avait siégé que deux ans. Le 25 juillet 1881, M. Carnot succédait, comme membre libre, à un ancien ministre dont l'Académie avait récompensé les mérites diplomatiques, M. Drouyn de L'Huys.

Devenu votre confrère, M. Carnot se montra assidu à vos séances, et y fit apprécier sous sa froide réserve toutes les qualités par lesquelles il gagnait à se faire connaître, n'ayant rien de banal dans la bienveillance ni rien d'affecté dans les manières, aussi modeste dans son existence qu'intègre dans son caractère. On aimait à voir au milieu de nous ce vieillard, qui comme d'autres ne semblait pas vieillir, qu'on pouvait considérer comme le survivant d'un autre âge, et que le président de notre Académie, en lui rendant un dernier hommage, a appelé si bien le vétéran de la démocratie et de la république (1).

Il prit une part suivie à vos travaux. Ses lectures ne sont pas oubliées. Celle qui a pour sujet le Saint-Simonisme (2) fait partie intégrante de sa vie. Une autre qu'il avait consacrée

(1) Discours de M. Bouillier aux funérailles de M. Carnot. 20 mars 1888.

(2) *Le Saint-Simonisme*, p. 122.

à l'abbé Grégoire (1), avant de prendre place parmi nous et qui reproduisait l'une de ses anciennes publications, s'expliquait non seulement par les liens d'amitié qui l'avaient uni à l'ancien conventionnel, mais surtout par les liens qui rattachaient Grégoire à l'Institut, malgré l'insanité des déclamations qu'il avait faites contre les Académies sur lesquelles il voulait passer le niveau de l'égalité (2). La dernière lecture qu'il vous réservait, *les premiers échos de la Révolution française au delà du Rhin* (3) témoignait sa connaissance approfondie de la littérature allemande pour laquelle il gardait ses prédilections de jeunesse. Il y constatait ce que les philosophes, les écrivains et les poètes de l'Allemagne avaient pensé de la Révolution française à laquelle, dès ses débuts, ils n'avaient mesuré ni leurs sympathies ni leur enthousiasme, tant que la guerre de conquêtes n'avait pas détourné d'une façon irrésistible ce courant qui, d'après M. Carnot, aurait pu être si bienfaisant pour l'humanité. Cette lecture, pour laquelle toutes sortes de citations avaient été studieusement et agréablement groupées, ne fut qu'une lecture posthume. Elle était annoncée le jour où l'Académie apprit la maladie de M. Carnot, et c'est dans le mois qui suivit sa mort qu'elle vous porta l'écho d'une voix que vous ne deviez plus entendre.

Il avait quatre-vingt-six ans, et sa quatre-vingt-sixième année lui avait valu le couronnement de sa vie, qui lui aurait manqué, si la France avait eu la Constitution qu'il voulait lui donner en 1848, quand il votait l'amendement de M. Grévy, qui a valu tant de célébrité à son auteur

(1) *Étude sur l'abbé Grégoire*. Compte rendu, nouvelle série, t. XVII, p. 631 et 874, et t. XVIII, p. 40.

(2) Rapport de Grégoire, 7 avril 1792. Voir *l'Institut de France et les anciennes Académies*, par M. Aucoc, p. 25.

(3) *Les premiers échos de la Révolution française au delà du Rhin*. Comptes rendus, t. XXX, p. 5.

et qui supprimait la Présidence de la République comme une survivance des institutions monarchiques. Le 3 décembre 1887, il faisait partie du congrès où elle était donnée à son fils. C'était un hommage rendu au moins autant au nom que le nouveau président portait, qu'à la façon dont il y faisait honnêtement et modestement honneur. L'apparence impassible que M. Carnot sut conserver, malgré les applaudissements qui le saluaient sur son banc, ne dissimulait guère le juste orgueil de sa joie. Il avait toujours été fier de son père; il se sentait fier de son fils, et s'il avait connu l'heureuse fortune d'être un descendant, une satisfaction plus douce encore et à laquelle il ne pouvait s'attendre lui était réservée; il devenait un ancêtre.

Orléans. — Imp. Paul Girardot.

www.ingramcontent.com/pod-product-compliance
Ingram Content Group UK Ltd.
Pitfield, Milton Keynes, MK11 3LW, UK
UKHW032007260826
14628UKWH00005B/2338

9 782019 132880